NATIONAL GEOGRAPHIC

D0584242

Los niños se conectan

EDICIÓN PATHFINDER

Por Kent Page, Terrell Smith y Peter Winkler

CONTENIDO

El sol aún no se ha levantado sobre las colinas rocosas en las afueras de la ciudad de Peshawar, en Pakistán. Los altoparlantes en la parte superior de una mezquita, o templo musulmán, anuncian a las personas "¡Dios es grande! ¡Es mejor rezar que dormir! ¡Vengan a rezar las plegarias!".

Garana, de diez años, se levanta de una alfombrilla que hay en el suelo de la casa de su familia. Se pone su vestido negro y se cubre la cabeza con un viejo chal. Luego, camina hasta la mezquita para rezar.

Garana y su familia han vivido en una casa con una sola habitación durante varios años. Es una más de las miles de casas fabricadas de ladrillos de barro que hay en el campamento de **refugiados** afganos Shamshatoo. El campamento alberga aproximadamente a 50.000 refugiados afganos. Son personas que han huido de la guerra o la sequía en Afganistán.

Garana trabaja con ahínco. Su padre abandonó a la familia hace varios años. Su madre no ve bien y no puede hacer mucho para ayudar. Su hermano mayor trabaja todo el día tejiendo alfombras. Y su hermano menor es demasiado pequeño para ocuparse de muchas tareas. Por lo tanto, Garana realiza la mayor parte de las tareas domésticas. Pero no se pasa todo el día trabajando. Tiene tiempo de ir a la escuela y divertirse un poco.

Un día en la vida de una
joven refugiada afgana

La historia de Garana

POR KENT PAGE

Un hogar lejos del hogar. *Garana vive en este campamento de refugiados en Pakistán. Su familia huyó de Afganistán, devastada por la guerra, hace varios años.*

Una tarea pesada. *Garana busca agua para su familia. Usa todo el peso del cuerpo para mover la manivela de la bomba.*

Temprano por la mañana

Después de las plegarias, Garana comienza sus tareas matinales. Camina hasta la bomba de agua del campamento y llena dos botellas. Después de llevarlas a casa, toma el desayuno, que habitualmente se compone de té caliente y pan. Luego, lava los platos en el patio de atrás con agua fría de la bomba. Luego, barre el piso de la casa que tiene una sola habitación.

Después, es hora de caminar hasta la panadería. Allí deja una pequeña cantidad de harina. Los panaderos la usarán para hacer una hogaza de pan. La familia de Garana comerá esa hogaza durante sus tres próximas comidas.

Ahora, llega el momento de caminar hasta la escuela.

Sigue las letras. *Garana y su maestra guían a la clase para aprender el alfabeto inglés.*

Hora de asistir a clase

Los niños del campamento de refugiados **asisten** a la escuela seis días por semana. Los niños y las niñas asisten a clases separadas. Garana está en primer grado a pesar de que tiene diez años. Esto es porque, cuando vivía en Afganistán, Garana y las demás niñas tenían prohibido ir a la escuela.

Garana tiene mucho que aprender. Las clases en la escuela de Garana solo llegan hasta segundo grado para las niñas y hasta tercero para los niños. Sin embargo, es un comienzo importantísimo.

Panaderos. *Todos los días Garana lleva un poco de harina a los panaderos. La usan para hacer pan para su familia.*

Garana llega a la escuela justo antes de que comiencen las clases, a las 8:30. El edificio de hormigón tiene seis salones de clase. Los salones no tienen ventanas, pero las paredes están pintadas.

En la clase de Garana hay treinta y cinco niñas. Las estudiantes se sientan en alfombrillas en el suelo. Estudian matemática, los idiomas afganos (el pastún y el dari), y el alfabeto inglés. También tienen tiempo en clase para cantar y dibujar. A Garana le gusta ir a la escuela.

"Mi materia preferida es el inglés", dice. "Si puedes hablar distintos idiomas, puedes entender lo que dicen las personas. Es más fácil poder hacer cosas".

Hoy Garana está de pie frente al pizarrón con una regla y guía a la clase para aprender el alfabeto inglés. Se confunde la b y la d. Excepto por eso, recita el alfabeto a la perfección.

Recreo para almorzar

Las clases terminan antes del almuerzo. Los estudiantes corren al pequeño patio de recreo de tierra para jugar en los columpios, el resbaladero y el carrusel. Garana habitualmente visita a sus amigos. Pero pronto llega la hora de hacer más tareas.

Se dirige a la panadería a buscar el pan. Luego camina por las calles estrechas hasta su casa. Después de saludar rápidamente a su madre, Garana va hasta la bomba a buscar agua. Cuando vuelve, llena la tetera y la pone a calentar sobre la hornalla.

Garana se sienta en la alfombrilla y almuerza. Hoy su madre ha preparado papas además del té y el pan.

"Hay días que tenemos papas. Hay días que tenemos arroz. Y hay días que tenemos guisantes", dice Garana. "Lo que sea que comamos en el almuerzo, volvemos a comerlo en la cena. El arroz es mi comida preferida".

Tarde y noche

Después del almuerzo, Garana vuelve a ir hasta la bomba para lavar los platos y las tazas. Luego, barre la casa, limpia el patio y da de comer a los cuatro pollos de la familia. De tanto en tanto, cuando hay dinero, va a la tienda local a comprar comida. Después de terminar las tareas, hace los deberes escolares.

Pronto, llega la hora de la cena. Dado que las casas del campamento de refugiados no tienen electricidad, la familia cena antes de que oscurezca. Después, si todavía no ha oscurecido, Garana juega con su mejor amiga, Assia.

Un deseo de paz

Garana tiene una vida difícil en el campamento de refugiados. Pero al menos no hay combates. "Me gustaría volver a Afganistán", comenta, "pero no hasta que haya **paz** en todos lados. En la escuela nos dicen que hay partes de Afganistán que son seguras. Pero en otros lugares todavía hay combates".

Son muchos los que comparten el deseo de Garana. Durante más de 30 años, la nación ha sufrido la guerra y los disturbios. Ahora, el pueblo afgano, con ayuda de países de todo el mundo, está intentando lograr cambios. Tienen la esperanza de que haya paz en Afganistán.

Vocabulario

asistir: ir a un lugar con regularidad

paz: cuando no hay guerra ni sufrimiento

refugiado: una persona obligada a abandonar su hogar y vivir en otro país

Grandes esperanzas. *Garana y Assia (con camiseta rosa) sueñan con volver a las montañas de Afganistán.*

De regreso a la escuela

Educación = Esperanza para los niños afganos

Por Terrell Smith

Era el 25 de marzo de 2002. Una multitud de niños y niñas se reunió en todo Afganistán. Los murmullos entusiasmados llenaban el aire. Muchos niños habían esperado mucho tiempo para que llegara este momento. ¡Estaba por comenzar el primer día de clases!

¿Estos niños estaban realmente tan felices de comenzar la escuela? La respuesta es sí. Muchos niños afganos no habían asistido a la escuela en años. Las niñas no podían asistir. Y quedarse en casa parecía ser más seguro para algunos niños.

Sin escuelas, muchos niños afganos estaban creciendo sin los conocimientos necesarios para aprender a ganarse la vida. El futuro les deparaba una vida sumida en la pobreza. Por eso, para ellos, la escuela representa esperanza.

Listos para aprender.
Los estudiantes afganos muestran insumos escolares nuevos donados por niños de los Estados Unidos.

Actos de clase

Lamentablemente, los años de combate habían destruido o dañado 2000 escuelas afganas. El resto estaba en malas condiciones. Y nadie tenía dinero ni materiales para arreglarlas.

Por eso, el Fondo de las Naciones Unidas para la Infancia (UNICEF) y la Cruz Roja de los Estados Unidos se ofrecieron a ayudar. Trabajando con líderes afganos, repararon ventanas y puertas rotas. También compraron escritorios, sillas, pizarrones y libros de texto nuevos.

Los estudiantes de los Estados Unidos también ayudaron. **Donaron** dinero que sirvió para comprar arcones llenos de insumos escolares. Los estudiantes afganos recibieron lápices, tizas, crayones, cuadernos, reglas, sogas para saltar y pelotas de fútbol.

Sin quejas

Toda esta ayuda fue solo un comienzo. Las escuelas afganas todavía no tienen espacio para todos los estudiantes. Los salones de clase están abarrotados de estudiantes y hay clases adicionales que se dictan en carpas.

Para evitar que los salones de clase se abarroten de estudiantes, la mayoría de las escuelas tiene dos turnos. La mitad de los niños asiste a clases por la mañana. La otra mitad asiste por la tarde. Pero los estudiantes afganos no se quejan. Están felices de poder volver a la escuela.

"Nunca dejé de pensar en el día en que podría regresar a la escuela", dice Safi, una niña de nueve años. "Y luego escuché por radio que comenzarían las clases otra vez. Me sentí tan feliz".

Haciendo ar

Por Peter Winkler

Los "enemigos" aprenden y juegan juntos en la escuela "Tomados de la mano" de Israel. ¿Podrán ahora enseñarles a sus padres cómo vivir en paz?

PEACE
שלום
سلام

Todas las mañanas en Israel, 300 niños hacen algo extraordinario: van a la escuela. ¿Qué tiene esto de especial? Bueno, sus escuelas integran a palestinos y judíos de manera pacífica. Los dos grupos, los palestinos y los judíos, han combatido durante décadas. La violencia ha desgarrado el país.

Las diferencias entre los dos grupos son tan profundas que las dos poblaciones de Israel rara vez se cruzan. Los judíos y los palestinos por lo general viven en diferentes áreas. No comparten ni el idioma ni la religión, y sus hijos asisten a escuelas diferentes.

Puede parecer imposible **salvar diferencias** como estas. Pero dos amigos han decidido intentarlo.

¿Quién es quién? *Una estudiante es palestina y las otras dos son judías. Sin embargo, se ríen juntas como cualquier grupo de amigas.*

igos

¿Misión imposible?

Lee Gordon es judío y Amin Khalaf es palestino. Se conocieron en 1996 y formaron una **organización** llamada "Tomados de la mano". Su **misión** es construir escuelas donde los palestinos y los judíos puedan ser compañeros de clase y amigos.

¿Cómo es asistir a una escuela tan inusual? Visitemos Jerusalén, la capital de Israel, para descubrirlo.

Aprendiendo sobre shalom

Los días de clase, los niños comienzan a llegar aproximadamente a las 7:30 de la mañana. Saludan al guardia y pasan por una verja de metal. La seguridad es un tema importante en Israel. Una mañana, por ejemplo, una maestra llegó tarde, llorando y temblando. Cuando iba manejando de camino a la escuela, vio un autobús explotar frente a sus ojos.

Los incidentes como ese recuerdan a los estudiantes y a los maestros lo importante que es su escuela. "Cada vez que hay un bombardeo, lo hablamos en clase", dice un estudiante palestino. Los niños hablan sobre cómo el odio puede llevar a una tragedia. Luego intentan descubrir mejores formas de solucionar los problemas de Israel.

"Si hubiese más escuelas como esta", explica un amigo judío, "entonces más niños aprenderían sobre shalom [paz]. Crecerían y se convertirían en personas pacíficas".

Enseñando con el ejemplo. *Una maestra palestina habla con sus estudiantes. Los maestros palestinos y judíos trabajan juntos en las escuelas "Tomados de la mano".*

Hablando mi idioma

Pronto se hacen las 8:15 a.m. y es hora de comenzar la clase. Es hora de aprender shalom: en dos idiomas.

Aproximadamente la mitad de los estudiantes es judía, y habla hebreo, el idioma oficial de Israel. La otra mitad es palestina y habla árabe. Entonces, ¿cómo deciden los maestros qué idioma usar? La respuesta de "Tomados de la mano" es usar los dos idiomas.

¿Cómo? Cada clase tiene dos maestros. Uno enseña en árabe y el otro enseña en hebreo. Planifican y dictan las lecciones juntos.

Lo que no hacen es traducir lo que se dice en el otro idioma. Así que los niños deben escuchar en ambos idiomas. No es fácil, pero los estudiantes se adaptan rápidamente. Cuando llegan a tercer grado, la mayoría de los estudiantes de "Tomados de la mano" es **bilingüe**. Eso significa que saben dos idiomas.

¿Qué idiomas usan los estudiantes para escribir? Eso depende. A veces los maestros les dicen que escriban en hebreo y otras veces en árabe. En otros momentos, los niños pueden elegir.

Las clases terminan a la 1:30 p.m., pero el aprendizaje no termina allí. Continúa.

N

LÍBANO

SIRIA

Altos de Golán

Mar Mediterráneo

Jerusalén

Área ampliada

Franja de Gaza

JORDÁN

Canal de Suez

EGIPTO

ARABIA SAUDITA

Calle ajetreada. *Los niños palestinos miran a los soldados que patrullan las calles.*

Salvando diferencias

Después de cinco horas de clase, todos están ansiosos por almorzar. La escuela les proporciona la comida. Los cocineros siguen las reglas de las religiones de los estudiantes en cuanto a las comidas.

Una vez que termina el almuerzo, es hora de las actividades. Los estudiantes pueden practicar karate o yoga. Pueden jugar al fútbol, tocar música o diseñar libros. Fiel al enfoque de la escuela de comprender otras culturas, hay hasta una clase de origami: el arte japonés de plegar papel.

Las actividades de la tarde no suenan tan serias como la matemática o las ciencias. Pero el tiempo de estar juntos sin formalidades es una parte importante de la educación en "Tomados de la mano". A través de estas actividades, los estudiantes aprenden a verse uno al otro como personas comunes. Establecen amistades que salvan diferencias reales y profundas.

La escuela termina a las 3:30 de la tarde y los niños regresan a sus casas. Allí, los estudiantes se vuelven maestros.

Aprendizaje en el hogar

"Mis amigos palestinos siempre me preguntan acerca de mi escuela", cuenta un estudiante. Los niños de la vecindad no pueden imaginarse asistir a la escuela con judíos. Por lo tanto, preguntan todo tipo de cosas. "¿No te dan miedo? ¿No te gritan? ¿No son malos contigo?". Los compañeros de clase judíos reciben preguntas similares de sus vecinos y familiares.

Los estudiantes de "Tomados de la mano", palestinos y judíos, dan prácticamente la misma respuesta. Es algo así: "No, no tengo miedo. Son buenas personas. Son mis amigos. Me gustaría que pudieras venir a mi escuela para verlo tú mismo".

Como los niños de todas partes, los estudiantes de "Tomados de la mano" invitan amigos a su casa. Esos amigos pueden ser los primeros palestinos o judíos que el resto de la familia conoce. Tener a un "enemigo" en la casa es incómodo, al principio. Sin embargo, muy pronto, las personas están comen juntas, conversan y juegan juntas.

De a una amistad por vez, están aprendiendo shalom.

Vocabulario

bilingüe: capaz de usar dos idiomas

donar: dar como regalo

misión: meta o el propósito de una organización

organización: grupo oficial que trabaja para una meta en común

salvar diferencias: establecer conexiones

¡Marca una diferencia!

Responde estas preguntas sobre la manera en que los niños pueden conectarse con los demás.

1 ¿Qué tareas domésticas realiza Garana para ayudar a su familia?

2 ¿Cuál es la materia preferida de Garana en la escuela? ¿Por qué le gusta?

3 ¿De qué manera han ayudado los estudiantes de los Estados Unidos a los estudiantes de Afganistán?

4 ¿De qué manera usan los estudiantes de las escuelas "Tomados de la mano" las actividades para salvar diferencias?

5 ¿Qué hacen los estudiantes de las escuelas "Tomados de la mano" después de clases? ¿De qué manera organiza el autor las actividades que ocurren durante el día en la escuela?